DEUS O ABENÇOE, DR. KEVORKIAN

KURT VONNEGUT

DEUS O ABENÇOE, DR. KEVORKIAN

Tradução de
S. DUARTE

EDITORA RECORD
RIO DE JANEIRO • SÃO PAULO
2007

CIP-Brasil. Catalogação-na-fonte
Sindicato Nacional dos Editores de Livros, RJ.

Vonnegut, Kurt, 1922-2007
V913d Deus o abençoe, Dr. Kevorkian / Kurt Vonnegut; tradução de S. Duarte. – Rio de Janeiro: Record, 2007.

Tradução de: God bless you, Dr. Kevorkian
ISBN 978-85-01-07799-8

1. Diálogos imaginários. 2. Morte. I. Duarte, S. II. Título.

CDD – 818
07-1888 CDU – 821.111(73)-8

Título original em inglês:
GOD BLESS YOU, DR. KEVORKIAN

Direitos exclusivos de publicação em língua portuguesa para o Brasil adquiridos pela
EDITORA RECORD LTDA.
Rua Argentina 171 – Rio de Janeiro, RJ – 20921-380 – Tel.: 2585-2000
que se reserva a propriedade literária desta tradução

Impresso no Brasil

ISBN 978-85-01-07799-8

PEDIDOS PELO REEMBOLSO POSTAL
Caixa Postal 23.052
Rio de Janeiro, RJ – 20922-970

EDITORA AFILIADA

Sumário

Introdução

O REPÓRTER DA WNYC FALA SOBRE A VIDA NO ALÉM

Minha primeira experiência de quase-morte foi um acidente, uma anestesia mal aplicada durante uma operação para implantar três pontes de safena. Nos programas de entrevistas da TV eu já tinha ouvido muita gente contar de viagens por um túnel azul até os Portões Dourados, e até mesmo além deles, ou pelo menos era isso o que contavam, e depois voltavam novamente à vida. Mas é claro que eu não teria me lançado voluntariamente em uma expedição tão arriscada, nem planejado outra em colaboração com o Dr. Jack Kevorkian e sua equipe, na moderníssima sala de execuções onde são aplicadas injeções letais em Huntsville, no Texas, se não tivesse antes sobrevivido a uma delas.

Os relatos que se seguem foram gravados em fita para serem posteriormente transmitidos pela estação de rádio WNYC. Minha esperança é de que passem uma sensação de proximidade. As gravações foram feitas na azulejada câmara da morte em Huntsville, mais ou menos cinco minutos depois que me tiraram da maca. Aliás, o gravador, assim como a maca, pertencia ao generoso povo do Texas, e era normalmente usado para imortalizar as últimas palavras de pessoas prestes a embarcar numa viagem só de ida ao Paraíso, com tudo pago.

Se não houver um novo acidente, não farei outras viagens de ida e volta. Para o bem de minha família, estou tratando de refazer minhas apólices de seguro de saúde e de vida, se isso for possível. Mas outros jornalistas, e talvez até mesmo turistas, certamente percorrerão o seguro caminho de ida e volta à Eternidade, do qual fui pioneiro. Peço-lhes que se contentem, tal como eu aprendi a fazê-lo, com as entrevistas que puderem ser realizadas nos cento e poucos metros de terreno baldio entre o final do túnel e os Portões Dourados.

Descobri a duras penas que atravessar os Portões, por mais tentador que o entrevistado do outro lado possa parecer, significa correr o risco de que o caprichoso São Pedro, dependendo de seu humor no momento, não deixe mais você sair. Imagine a decepção de seus amigos e parentes se você tiver atravessado os Portões para conversar, por exemplo, com Napoleão, e com isso acabar na verdade cometendo suicídio.

~

A respeito da crença ou descrença na vida após a morte: pode ser que alguns leitores saibam que não sou cristão, nem judeu, nem budista, e tampouco uma pessoa religiosa no sentido convencional, de forma alguma.

Sou um humanista, o que quer dizer, em parte, que procurei comportar-me decentemente sem qualquer expectativa de recompensas ou castigos depois de morrer. Meus antepassados alemães que vieram para os Estados Unidos, o primeiro dos quais se estabeleceu no Meio-Oeste à época da Guerra de Secessão, intitulavam-se "livres-pensadores", o que é mais ou menos a mesma coisa. Meu bisavô Clemens Vonnegut escreveu, por exemplo: "Se o que Jesus disse era bom, importa se ele era Deus ou não?"

Eu próprio já escrevi: "Se não fosse a mensagem de misericórdia e piedade do Sermão da Montanha de Jesus, eu não desejaria ser humano. Preferiria ser uma cascavel."

Sou presidente honorário da Associação Humanista Americana, sucedendo ao falecido dr. Isaac Asimov, o grande e espetacularmente prolífico escritor e cientista naquele posto essencialmente destituído de funções. Falando em uma cerimônia religiosa em memória de meu antecessor, eu disse: "Isaac agora está no Céu." Foi a coisa mais engraçada que eu poderia ter dito a uma platéia de humanistas. Todos rolaram de rir em seus bancos. Hilário! Foi preciso esperar alguns minutos para que uma atmosfera aparentemente solene voltasse a reinar.

Naturalmente, fiz aquela brincadeira antes de minha primeira experiência de quase-morte — a acidental.

Assim, quando chegar minha hora de juntar-me aos coros invisíveis, ou o que quer que seja — Deus me livre —, espero que alguém diga: "Ele agora está no Céu." Quem sabe? Eu poderia ter sonhado tudo isto.

Meu epitáfio, caso necessário? "Tudo foi belo. Nada me feriu." Vou dar o fora em paz, não importa que diabos estiver acontecendo.

~

Como os humanistas não têm informações fidedignas sobre qualquer tipo de Deus, contentam-se em servir, da melhor maneira possível, à única abstração com a qual têm certa familiaridade: suas comunidades. Não é preciso ser sócio da Associação Humanista Americana para ser humanista.

Na verdade, este livrinho sobre minhas conversas com os mortos e enterrados surgiu na esperança de que rendesse algum dinheiro — não para mim, mas sim para a Estação Pública Nacional de Rádio WNYC, no centro de Manhattan. A WNYC cultiva o humor e a sabedoria de sua comunidade e da minha. Faz o que nenhuma estação comercial de rádio ou TV tem hoje condições financeiras para fazer: satisfaz o direito do povo de saber, ao contrário dos abjetos escravos de anunciantes e publicitários, preocupados apenas com diversão e entretenimento vazios.

Embora as religiões formais sirvam de conforto para muitos membros do corpo de funcionários da WNYC, o efeito coletivo destes em sua comunidade é o humanismo — um ideal tão terreno e tão pouco majestoso que jamais escrevo essa palavra com letra maiúscula. Na acepção em que a usei aqui, "humanista" nada tem de sobrenatural e serve como sinônimo oportuno para "boa cidadania e decência geral".

~

Desejo a todos vidas longas e felizes, seja o que for que venha a acontecer depois. Usem protetor solar! Não fumem cigarros.

Os charutos, no entanto, fazem bem. Existe até mesmo uma revista dedicada a sua apreciação, com modelos masculinos para serem admirados, atletas, atores, homens ricos com mulheres-troféu em suas capas. Por que o ministro da Saúde não aparece também? Como se sabe, os charutos são feitos de *trail mix*,* com castanhas-de-caju esmagadas, granola e uvas-passas, desidratadas e misturadas com melado. Por que não comer um hoje à noite, antes de dormir?

As armas de fogo também fazem bem. Pergunte a Charlton Heston, que fez o papel de Moisés no cinema. A pólvora tem zero de gorduras e zero de colesterol. Os dunduns também. Pergunte a seu senador, ou senadora, ou deputado, se as armas de fogo, assim como os charutos, não fazem bem.

~

Meu falecido tio Alex Vonnegut, irmão mais moço de meu pai, agente de seguros de vida que estudou em Harvard e trabalhava em Indianápolis, homem

*Alimento energético à base de frutas secas, que podem ser misturadas com mel, chocolate ou leite. (*N. do T.*)

sábio e lido, era humanista, assim como todo o resto da família. A principal objeção que o tio Alex tinha em relação aos seres humanos em geral era que eles muito raramente percebiam quando estavam felizes.

Ele próprio fez o que pôde para reconhecer a felicidade, nos momentos agradáveis. Às vezes estávamos tomando limonada à sombra de uma macieira no verão e o tio Alex interrompia a conversa para dizer: "Se isto não é agradável, o que pode ser?"

Eu também digo em voz alta nas ocasiões de alegria simples e natural: "Se isto não é agradável, o que pode ser?" Talvez outras pessoas também possam fazer uso dessa herança do tio Alex. Para mim é estimulante marcar esses momentos assim, em voz alta.

~

Bem, agora vamos nos divertir um pouco. Vamos falar de sexo. Vamos falar de mulheres. Freud disse não saber o que as mulheres querem. Eu sei o que as mulheres querem. Querem que haja muita gente com quem elas possam falar. Sobre o que elas querem falar? Sobre tudo.

E o que é que os homens querem? Querem muitos bons amigos, e gostariam que as pessoas não se zangassem tanto com eles.

Por que motivo tanta gente se divorcia hoje em dia? É porque muitos de nós já não têm famílias numerosas como antes. Antigamente, quando um homem e uma mulher se casavam, a noiva tinha muito mais pessoas com quem falar sobre tudo. O noivo tinha muito mais amigos para contar piadas idiotas.

Alguns norte-americanos, mas muito poucos, ainda têm famílias grandes. Os índios Navajo e os Kennedy, por exemplo.

Mas, hoje em dia, geralmente, quando nos casamos somos somente uma pessoa a mais para o outro. O noivo ganha mais um amigo, mas é uma mulher. A mulher ganha mais uma pessoa com quem falar sobre todos os assuntos, mas é um homem.

Quando um casal discute, pode-se pensar que o motivo é dinheiro, ou poder, ou sexo, ou a educação dos filhos, ou qualquer outra coisa. Na verdade, o que estão dizendo um ao outro, sem perceber, é o seguinte:

— Você não é o suficiente!

Conheci certa vez na Nigéria um homem da etnia Ibo que tinha seiscentos parentes, que ele conhecia bastante bem. Sua mulher tinha acabado de ter um bebê, o que é a melhor notícia possível em qualquer família numerosa.

Eles iam levar o bebê para conhecer todos os parentes, Ibos de todas as idades, tamanhos e formas. Conheceria também outros bebês, primos não muito mais velhos do que ele. Todos os que fossem suficientemente grandes e firmes o poriam no colo, o embalariam, brincariam com ele e diriam o quanto ele era bonitinho e grandioso.

Você não gostaria de ser aquele bebê?

~

Esta introdução meio desalinhada é quatro vezes mais longa do que a peça escrita mais eficiente e eficaz da história do mundo de língua inglesa, que foi o discurso de Abraham Lincoln no campo de batalha de Gettysburg.

Lincoln foi morto com um tiro dado por um ator secundário que exercia seu direito de portar armas. Assim como Isaac Asimov e o tio Alex, Lincoln agora está no Céu.

~

Bem, aqui fala Kurt Vonnegut, agora repórter emérito da WNYC sobre a vida após a morte, que se despede por escrito desta vez.

Ta, ta, e *adiós*. Ou, como me disse São Pedro, com uma piscadela maliciosa, quando eu o informei de que aquela era minha última viagem de ida e volta ao Paraíso: *See you later, Alligator.*

K.V.
8 de novembro de 1998 e 15 de maio de 1999

DEUS
O ABENÇOE,
DR.
KEVORKIAN

Na minha

experiência

de quase-morte

desta manhã, descobri o que acontece com as pessoas que morrem quando ainda são crianças de colo. Descobri isso por acaso, porque eu tinha entrado no túnel a fim de entrevistar a dra. Mary D. Ainsworth, que morreu no dia 21 de maio de 1999, aos 85 anos, em Charlottesville, Virgínia. Ela era psicóloga do desenvolvimento humano, já aposentada, mas manteve-se ativa até o fim.

O obituário extravagante e muito elogioso no *New York Times* dizia que ela tinha feito mais pesquisas do que qualquer outra pessoa sobre os efeitos de longo prazo dos laços entre mães e seus bebês durante o primeiro ano de vida — ou, alternativamente, a ausência de laços por falta de atenção. Ela estudou bebês órfãos de mãe em Londres e todas as maneiras de cuidar, ou não cuidar, dos filhos, em Uganda e mais tarde aqui nos E.U. da A.

Sua conclusão, com impressionantes provas científicas, é de que, a fim de crescerem saudavelmente, os bebês necessitam, no início da vida, de uma ligação forte com uma figura materna. Caso contrário, serão inquietos para sempre.

Eu queria que ela falasse um pouco sobre a diferença entre o que trazemos conosco por natureza e o que aprendemos com a maneira como somos tratados quando bebês, e também sobre como eu próprio tinha sido cuidado ao nascer — embora talvez fosse difícil para ela me explicar isso.

Mas a dra. Ainsworth estava fervendo de entusiasmo por ver que suas teorias tinham sido confirmadas no Céu. Nem pensava mais nas homenagens que recebera de seus colegas psicólogos na Terra. Acontece que no Céu existem creches, escolas infantis e jardins-de-infância para as pessoas que morrem ainda em tenra idade. Mães substitutas, e às vezes verdadeiras mães dos bebês, caso já estejam mortas, se ligam de maneira extraordinária com as pequenas almas. Ninam, ninam e ninam. Beijam, beijam e beijam. Não chore, bebezinho. Sua mãe te ama. Acho que você precisa arrotar.

Deve ser isso. Pronto. Está melhor agora? Hora de dormir. Gu, gu, gu.

E os bebês crescem e viram anjos. É assim que surgem os anjos!

Aqui fala Kurt Vonnegut, despedindo-se na sala de injeções letais de Huntsville, Texas. Até a próxima, gu gu gu e ta ta.

Hoje de manhã,

graças a uma

experiência controlada

de quase-morte, tive a sorte de encontrar, no fim do túnel, um homem chamado Salvatore Biagini. No dia 8 de julho passado o sr. Biagini, operário de construção aposentado, de 70 anos, sofreu um ataque de coração fatal quando procurava salvar seu amado cão *schnauzer*, chamado Teddy, do ataque de um *pit bull* de nome Chele, que estava à solta no Queens.

O *pit bull*, que nunca antes mostrara agressividade contra seres humanos ou outros animais, saltou uma cerca de um metro e vinte para atacar Teddy. O sr. Biagini, desarmado e com um histórico de problemas cardíacos, agarrou-o, permitindo que o *schnauzer* escapasse. Mas o *pit bull* mordeu o sr. Biagini em várias partes do corpo e seu coração parou, para nunca mais bater outra vez.

Perguntei a esse heróico amante dos animais de estimação como se sentia por ter morrido defendendo um *schnauzer* chamado Teddy. Salvatore Biagini foi filosófico. Disse que sem dúvida era muito melhor do que morrer por absolutamente nada lutando na guerra do Vietnã.

Depois da
experiência
controlada de
quase-morte desta manhã, senti-me quase literalmente de coração partido ao ver que não conseguiria levar o gravador através do túnel azul até o Céu e trazê-lo de volta comigo novamente. Nunca antes uma banda de jazz de metais, ao estilo de Nova Orleans, sob o comando de Louis Armstrong, veio receber um recém-chegado com uma entusiasmante interpretação de "When The Saints Come Marching In". Disseram-me que o alvo dessa honra alegre e rara, concedida apenas a uma em cada dez milhões de pessoas que acabam de falecer, era um aborígine australiano, com um pouco de sangue branco, chamado Birnum Birnum.

Quando os colonos brancos chegaram, no século XIX, os nativos da Austrália e da vizinha Tasmânia possuíam a cultura mais primitiva e simples de qualquer povo da Terra na época. Eram considerados vermes, com almas e mentes semelhantes às dos ratos, por assim dizer. Foram mortos a tiros ou envenenados. Somente em 1967, praticamente anteontem, os aborígines australianos sobreviventes obtiveram a cidadania, graças a manifestações organizadas por Birnum Birnum. Ele foi o primeiro de seu povo a matricular-se na faculdade de Direito.

Na Tasmânia não houve sobreviventes. Pedi a ele que me dissesse alguma coisa interessante sobre os tasmanianos para que eu usasse no programa da WNYC. Ele respondeu que os habitantes tinham sido vítimas do único genocídio completamente eficaz que conhecemos. Louis Armstrong entrou na conversa para dizer que os nativos da Tasmânia eram tão talentosos e inteligentes quanto qualquer outra pessoa com acesso a bons professores. Dois outros músicos de sua banda, disse ele, eram da Tasmânia. Um tocava clarinete; o outro, trombone de vara, no melhor espírito do jazz.

Aqui fala Kurt Vonnegut, repórter da WNYC sobre a vida após a morte.

A experiência controlada de quase-morte

de hoje foi maravilhosa! Entrevistei John Brown, cujo corpo apodrece no túmulo, mas que, na verdade, continua em plena atividade. Há 140 anos, em 2 de outubro, ele foi enforcado por traição contra os Estados Unidos da América. No comando de uma força de apenas outros 18 fanáticos antiescravistas, tomou o Arsenal Federal, praticamente sem vigilância, em Harper's Ferry, na Virgínia. Seu plano? Distribuir armas aos escravos, para que pudessem derrubar seus senhores. Suicídio.

Cidadãos cumpridores das leis abriram fogo em toda parte, matando oito de seus homens, dois dos quais eram seus filhos. O próprio Brown foi capturado por uma força de fuzileiros navais dos Estados

Unidos, que havia jurado obedecer à Constituição. Seu comandante era o coronel Robert E. Lee.

No Céu, John Brown usa uma corda de enforcado no pescoço em vez de gravata. Fiz uma pergunta sobre a corda e ele disse:

— Onde está a sua? Onde está a sua?

Os olhos dele brilhavam como moedas novas.

— Sem derramamento de sangue — disse — não há remissão dos pecados. Isso, aliás, está no Novo Testamento, em Hebreus 9,22.

Felicitei-o pelas palavras que pronunciara a caminho da forca, diante de uma alegre multidão de brancos que o insultavam. Cito: "Este país é lindo." Em apenas quatro palavras, ele conseguira resumir todo o horror das mais terríveis atrocidades legais cometidas por uma nação civilizada até o Holocausto.

— A escravidão era legal de acordo com a legislação norte-americana — disse ele. — O Holocausto era legal segundo as leis alemãs — completou.

John Brown é *yankee* de Connecticut, nascido em Torrington. Ele disse que tinha existido um homem da Virgínia, Thomas Jefferson, que conseguira resumir Deus com apenas cinco palavras: "Todos os homens nascem iguais."

Brown tinha 20 anos quando Jefferson morreu.

— Esse perfeito cavalheiro, sofisticado, cientista, sábio — prosseguiu John Brown —, conseguiu escrever estas palavras incomparáveis e sagradas sendo proprietário de escravos. Diga-me: serei eu realmente a única pessoa que compreende que ele, com seu exemplo, fez de nosso lindo país uma sociedade malvada desde o início, na qual a subserviência de pessoas de cor aos brancos era considerada perfeitamente compatível com o direito natural?

— Quero entender bem isso — falei. — Você está dizendo que Thomas Jefferson, possivelmente o mais amado dentre os fundadores de nosso país, depois de George Washington, era um homem mau?

— Que seja esta minha verdade — disse John Brown —, verdade que continua viva, enquanto meu corpo apodrece no túmulo.

(Interpretação coral de uma estrofe do "Hino de Batalha da República".)

Aqui fala Kurt Vonnegut, despedindo-se na sala de injeções letais em Huntsville, Texas. Até a próxima, ta ta.

Durante a
experiência
controlada de
quase-morte de ontem, bati um papo do lado de dentro dos Portões Dourados com Roberta Gorsuch Burke, que aqui na Terra ficou casada durante 72 anos com o almirante Arly A. Burke, chefe de Operações Navais entre 1955 e 1961. Foi ele quem conduziu a Marinha à Era Nuclear.

Ela morreu em julho, com 98 anos. O almirante Burke, naturalmente já reformado, morrera um ano antes, aos 99. Haviam se conhecido em um "encontro às cegas" em 1919, quando ele estava no primeiro ano da Academia Naval. Naquele dia, ela substituíra de última hora sua irmã mais velha. Foi o Destino.

Casaram-se quatro anos depois. Se o desempenho anterior vale de alguma coisa, certamente continuarão casados ali, no final do túnel azul, por toda a eternidade. Ela me disse:

— Para que ficar procurando a esmo?

No enterro do marido, quando ainda teria mais um ano de vida, o presidente Clinton lhe disse:

— Você honrou os Estados Unidos com seus serviços e deu um exemplo não apenas para as esposas da Marinha de hoje e para as que virão, mas para todos os norte-americanos.

O epitáfio simples escolhido por Roberta Gorsuch Burke para sua lápide aqui na Terra foi: "Esposa de um Marinheiro."

O dr. Jack
Kevorkian
me soltou

mais uma vez do que se tornou minha maca exclusiva, aqui na sala de injeções letais de Huntsville, Texas. Jack já supervisionou até agora um total de 15 experiências controladas de quase-morte comigo. Jack, meus parabéns! Na viagem desta manhã pelo túnel azul até os Portões Dourados, Clarence Darrow, o grande advogado de defesa norte-americano, morto há sessenta anos, veio me procurar. Queria que os ouvintes da WNYC escutassem suas opiniões a respeito do uso de câmeras de TV nos tribunais. Acreditem, ele disse que achava a idéia muito boa. Esse homem, que tem reputação de ter sido um gigante, vem de uma cidadezinha rural modesta de Ohio.

— A presença dessas câmeras finalmente reconhece — disse-me ele — que os sistemas de justiça em qualquer lugar, em todos os tempos, jamais se preocuparam em saber se estava sendo feita justiça ou não. Assim como os jogos romanos, os sistemas de justiça são maneiras de os governos injustos — e não existe outro tipo de governo — proporcionarem grande entretenimento à custa de pessoas que correm verdadeiro risco de vida.

Agradeci ao sr. Darrow por ter feito com que a história dos Estados Unidos fosse muito mais humana do que poderia ter sido, com sua eloqüente defesa nos tribunais em favor dos primeiros organizadores de sindicatos de trabalhadores e de professores de verdades científicas impopulares, por seu desprezo veemente ao racismo e por sua aversão à pena de morte. E o falecido e grande advogado Clarence Darrow apenas comentou:

— Fiz o que pude para divertir as pessoas.

Bem, já vou indo. Ei, Jack, que tal uma passada na cidade para um bom jantar de comida Tex-Mex?

Durante

quase um ano

de entrevistas

com pessoas completamente mortas, perguntei a São Pedro muitas vezes se seria possível encontrar um herói pessoal meu. Trata-se de um conterrâneo do estado de Indiana, o falecido Eugene Debs, de Terre Haute. Foi cinco vezes candidato do partido Socialista à presidência, no tempo em que este país tinha um partido socialista forte.

E então, imaginem só, ontem à tarde ninguém menos do que Eugene Victor Debs, organizador e líder da primeira greve bem-sucedida contra uma grande indústria norte-americana, a das ferrovias, me esperava na extremidade mais distante do túnel azul. Não tínhamos nos visto antes. Esse grande norte-americano morreu em 1926 aos 71 anos, quando eu tinha apenas 4.

Agradeci pelas palavras que ele uma vez dissera, e que cito freqüentemente em minhas conferências: "Enquanto existir uma classe baixa, farei parte dela. Enquanto houver um elemento criminoso, pertenço a ele. Enquanto houver uma alma na prisão, não estarei livre."

Perguntou-me de que maneira essas palavras eram recebidas hoje em dia aqui na Terra. Respondi que eram ridicularizadas.

— As pessoas dão risadinhas e roncam — disse eu. Ele perguntou qual era a indústria que mais crescia no país. — As construtoras de prisões — retorqui.

— Que vergonha — disse ele. Depois perguntou-me como estava indo o Sermão da Montanha nos dias de hoje. Em seguida abriu as asas e afastou-se voando.

Aqui fala
Kurt
Vonnegut.

Durante minha experiência controlada de quase-morte desta manhã, tomei um café-da-manhã frugal com Harold Epstein, que faleceu recentemente em sua propriedade de 50 hectares em Larchmont. Morreu de causas que só podem ser consideradas naturais, pois tinha 94 anos. Esse homem tranqüilo era contador público, e depois de um ataque do coração 34 anos atrás, entregou-se, na companhia de sua doce esposa, Esta, ao que ele próprio chamava "insanidade de jardim".

Esta ainda está entre nós, e espero que esteja me ouvindo. Esses dois passarinhos enamorados, Harold e Esta Epstein, deram a volta ao mundo quatro vezes, procurando, e muitas vezes encontrando, maravilhosas plantas novas para os jardins norte-americanos, embora nenhum dos dois tivesse estudado horticultura. Na época em que a alma de Harold trocou o corpo antigo por um novo no Céu, ele era presidente da Sociedade Americana de Jardins de Pedra, da Sociedade de Orquídeas da Grande Nova York e da Região Nordeste da Sociedade Americana de Rododendros.

Pedi a ele uma palavra que servisse para resumir sua vida após o ataque de coração, muito tempo atrás. Ele respondeu:

— Minha única mágoa é que as pessoas não tenham conseguido ser felizes como eu.

O falecido Harold Epstein disse que quando chegou ao Céu a primeira coisa que fez, depois de colher uma flor que nunca havia visto antes, foi agradecer a Deus pela inestimável dádiva da insanidade de jardim.

Jack

Kevorkian

e eu pensávamos

que conhecíamos todos os riscos que eu corria durante as experiências controladas de quase-morte que ele ministrava. Mas hoje me apaixonei por uma mulher morta! O nome dela é Vivian Hallinan.

O que me fez querer conhecê-la foi uma palavra em seu obituário no *New York Times*: "Vivian Hallinan, decana de uma colorida família da Costa Oeste." Por que uma pessoa, ou mesmo uma família, seria "colorida"? Eu já tinha entrevistado no Além gente outrora brilhante, influente, corajosa ou carismática, e outras coisas mais. Mas o que diabos seria "colorido"? Dois possíveis sinônimos surgiram: "meio palhaço" e "engraçadinho".

Mas agora decifrei o código. “Colorida”, para o *New York Times,* significa incrivelmente bonita, de personalidade marcante e rica, porém socialista.

Vamos falar de coisas “coloridas”? O falecido marido de Vivian, Vincent Hallinan, que era advogado, cheio de grana obtida em negócios imobiliários, concorreu em 1952 à presidência dos Estados Unidos na chapa progressista! Até mesmo na Califórnia isso é uma palhaçada engraçadinha.

Eis como ele era palhaço e engraçadinho. Passou seis meses na cadeia por causa de sua estrepitosa defesa do líder trabalhista Harry Bridges, acusado de comunismo durante a Era McCarthy. Vivian passou trinta dias no xilindró por ter demonstrado conduta imprópria para uma dama durante uma manifestação sobre direitos civis em 1964.

E vejam esta: todos os seus cinco filhos estavam com ela na manifestação, e um deles, Terrence, é hoje promotor público em São Francisco!

No Céu, a gente pode ter a idade que quiser. Meu pai tem só 9 anos. Vivian Hallinan preferiu ter eternamente 24 anos, e é de parar o trânsito! Perguntei como se sentia por ter sido chamada de “colorida”.

Ela respondeu que preferiria que dissessem dela o mesmo que os inimigos de Franklin D. Roosevelt diziam a respeito dele: “Uma traidora de sua classe.”

O dr. Kevorkian acaba de me tirar da maca depois de mais uma experiência controlada de quase-morte. Nessa viagem tive a sorte de entrevistar ninguém menos do que o falecido Adolf Hitler.

Fiquei satisfeito em saber que ele hoje sente remorso por quaisquer de seus atos que, mesmo indiretamente, possam ter tido algo a ver com as violentas mortes sofridas por 35 milhões de pessoas durante a Segunda Guerra Mundial. Naturalmente, ele próprio e sua amante Eva Braun estavam entre essas baixas, junto com outros 4 milhões de alemães, 6 milhões de judeus, 18 milhões de cidadãos da União Soviética, e assim por diante.

— Paguei minhas dívidas, junto com todos os demais — disse ele.

Sua esperança é de que um monumento modesto, possivelmente uma cruz de pedra, já que ele era cristão, seja erguido em algum lugar à sua memória, talvez nos terrenos das Nações Unidas, em Nova York. Disse que nele deveriam estar gravados seu nome e as datas 1889-1945. Abaixo, uma frase com duas palavras em alemão: "Entschuldigen Sie."

Numa tradução aproximada, isso significa "Desculpem-me".

Durante a

experiência

controlada de

quase-morte de hoje, conversei com John Wesley Joyce, ex-policial e jogador de beisebol da segunda divisão, proprietário do bar Lion's Head, em Greenwich Village, desde 1966 até sua falência em 1996. Seu estabelecimento era o mais famoso refúgio do país para os escritores norte-americanos bons de copo e bons de papo. Um dos tagarelas descreveu a clientela como "bêbados que têm problemas de escrita".

O falecido sr. Joyce disse que os escritores transformaram o lugar em seu ponto de encontro por espontânea vontade, coisa de que ele não gostou muito. Disse que havia instalado uma *jukebox* na esperança de que atrapalhasse a conversa. Mas eles continuaram a vir.

— Só precisavam falar um pouco mais alto — disse ele.

Aqui fala
Kurt Vonnegut,
repórter da

WNYC no Além. Na experiência controlada de quase-morte de ontem, tive o prazer de conversar com Frances Keane, perita em línguas românicas e autora de livros infantis, que morreu de câncer no pâncreas no último 26 de junho aos 85 anos. Pareceu-me que o obituário geralmente elogioso do *New York Times* a diminuiu um pouco no final, com esta frase seca: "Seus três casamentos acabaram em divórcio." Fiz uma pergunta sobre isso e ela respondeu, dando de ombros, em três línguas românicas diferentes:

— *Así es la vida.*

— *C'é la vita.*

— *C'est la vie.*

E logo depois:

— Vá plantar batatas!

Durante

minhas

experiências

controladas de quase-morte, meus encontros com sir Isaac Newton, que morreu em 1727, foram tão freqüentes quanto os encontros com São Pedro. Ambos gostam de ficar na parte final do túnel azul do Além. São Pedro fica ali porque é esse o seu trabalho. Sir Isaac, por causa de sua insaciável curiosidade sobre o que é o túnel azul e como funciona.

Para Newton, não foi suficiente ter inventado o cálculo integral, ter codificado e quantificado as leis da gravidade, do movimento e da ótica, e projetado o primeiro telescópio refletor, durante os 85 anos que passou na Terra. Não se conforma em ter deixado Darwin enunciar a teoria da evolução, Pasteur a dos germes e Albert Einstein a da relatividade.

— Eu devia estar surdo, mudo e cego para não ter pensado nessas coisas — disse-me ele. — O que poderia ser mais evidente?

Meu trabalho é entrevistar gente morta para a WNYC, mas em vez disso foi o falecido sir Isaac Newton quem me entrevistou. Ele fez apenas uma viagem de ida pelo túnel. Quer saber de que ele parece ser feito, de tecido, metal, madeira ou outra coisa. Respondi que é feito da mesma matéria dos sonhos, o que o deixou extraordinariamente insatisfeito.

São Pedro repetiu-lhe uma frase de Shakespeare:

— Há mais coisas entre o Céu e a Terra, Horácio, do que supõe a sua vã filosofia.

Acabo de
entrevistar
Peter Pellegrino,
que morreu no último dia 26 de maio, aos 82 anos, em sua casa em Newtown, Pensilvânia. O sr. Pellegrino foi o fundador da Federação de Balões dos Estados Unidos e o primeiro norte-americano a cruzar os Alpes num balão de ar quente, além de oficializar recordes em balões para a Associação Aeronáutica Americana e testar pilotos de balão para a Administração Federal da Aeronáutica.

Ele me perguntou se eu tinha sido balonista, e respondi que não. Isso foi do lado de fora dos Portões Dourados. Já não me deixam mais entrar. Se eu passar para dentro, São Pedro disse que terei de ficar.

São Pedro explicou a Pellegrino que eu não estava morto, mas simplesmente fazia uma experiência de quase-morte e em breve estaria de volta entre os vivos.

Ao ouvir aquilo, Pellegrino disse:

— Pelo amor de Deus, homem, arranje um tanque de propano e um balão enquanto ainda é tempo, ou nunca saberá como é o Céu!

São Pedro protestou:

— Sr. Pelegrino, isto aqui *é* o Céu!

— Você diz isso só porque — redargüiu Pellegrino — nunca cruzou os Alpes num balão de ar quente!

São Pedro me disse:

— Não apenas você ainda tem tempo para passear de balão. Mas também poderia escrever um livro com o título: *O Céu e seus descontentes*.

Depois, naturalmente com ironia, disse a Pellegrino:

— Se na Terra você usava cocaína e crack, tenho certeza de que o Céu também seria uma decepção.

— Na mosca! — disse Pellegrino.

Desde criança, continuou ele, tinha certeza de que seu lugar era no espaço, e não no chão. Cito suas palavras: "... assim como um peixe que fica saltando fora d'água sabe que seu lugar é no rio." Tão logo cresceu um pouco, subiu ao espaço pilotando todos os tipos de avião, desde os biplanos

Curtiss JN-4 da Primeira Guerra Mundial até aviões comerciais.

— Mas eu me sentia como um invasor, um estranho lá em cima, cortando o céu com minhas hélices, sujando-o com o ruído e os exaustores — prosseguiu. — Só fui subir em balão com 35 anos. Aquilo foi a realização de um sonho. Ali era o Céu, e eu estava vivo. O Céu era eu.

Aqui fala Kurt Vonnegut, despedindo-se com Jack Kevorkian na prisão estadual de Huntsville. Até a próxima, ta ta.

Quando

fui procurar

James Earl Ray,

assassino confesso de Martin Luther King, na experiência controlada de quase-morte de hoje, não tive de ir muito longe no Paraíso. James Earl Ray morreu de falência do fígado em 23 de abril de 1998. Segundo São Pedro, no entanto, ele até hoje não quis dar um único passo em direção à Vida Eterna que o espera além dos Portões Dourados.

Ele não é idiota; seu Q.I. é 108, muito acima da média em relação à população norte-americana em geral. Disse-me que não poria os pés na eternidade enquanto não construíssem uma cela de prisão para ele. Disse que seria o único lugar onde se sentiria confortável para sempre . Ali, confessou ele, não lhe importaria a passagem do tempo. Na verdade, usou um palavrão, dizendo que não queria saber da m.... do tempo.

Seu diálogo ainda é cheio de palavras depreciativas em relação aos americanos de origem africana, apesar dos apelos de São Pedro para que ele, pelo amor de Deus, seja mais comedido. Disse que nunca deveria ter atirado no "grande n....",* isto é, o dr. King, se soubesse que sua bala tornaria aquele f.d.p. (e tudo o que ele disse e se esforçou para obter) tão famoso em toda a m.... deste mundo.

— Por minha causa — afirmou — as criancinhas brancas aprendem na escola que aquele f.d.p. era uma espécie de herói norte-americano, como o f.d.p do George Washington. Por causa da minha balinha — continuou —, ouço dizer que toda a m.... que o grande n.... disse está gravada em monumentos de mármore e decorado com ouro de m....

Aqui fala Kurt Vonnegut, despedindo-se da moderníssima sala de m.... de injeções letais em Huntsville, na m.... do Texas.

*A palavra *nigger*, usada pelos racistas para designar os negros, é fortemente ofensiva. (*N. do T.*)

Durante

minha mais

recente

experiência controlada de quase-morte, consegui entrevistar William Shakespeare. No começo, não nos demos bem. Ele disse que o dialeto que eu falava era o inglês mais feio que jamais ouvira, "próprio para rachar os ouvidos até mesmo de pessoas sem cultura". Perguntou se aquela língua tinha nome, e eu respondi:

— Indianápolis.

Felicitei-o pelos Oscar que o filme *Shakespeare apaixonado* havia ganhado, pois sua peça *Romeu e Julieta* formava o enredo principal.

Sobre os Oscar e sobre o filme, ele comentou:

— Uma história contada por um idiota, cheia de som e fúria, que nada significa.

Perguntei-lhe à queima-roupa se ele era mesmo o autor de todas as peças teatrais e poemas que lhe são atribuídos.

— Aquilo a que chamamos rosa seria igualmente perfumada com qualquer outro nome — disse ele. — Pergunte a São Pedro!

Vou fazer isso.

Depois perguntei se ele tinha tido casos de amor com homens, sabendo que meus ouvintes da WNYC estão loucos para esclarecer esse ponto. A resposta, no entanto, celebrou a afeição entre animais de qualquer tipo.

— Éramos como dois cordeiros gêmeos que brincavam ao sol; o que trocamos foi inocência por inocência.

O que queria dizer era: demos nossa inocência um ao outro. Essa foi a frase pornográfica mais suave que jamais ouvi. Ele já não tinha mais nada a me dizer. Na verdade, mandou que este repórter fosse à m...

— Vá para um convento! — disse, e afastou-se.

Senti-me como um idiota ao voltar para o túnel azul. Encontraria uma resposta encantadora a qualquer pergunta que pudesse fazer ao maior escritor de todos os tempos no *Bartlett's Familiar Quotations* [Citações conhecidas compiladas por Bartlett].

A bela imagem sobre a troca de inocência por inocência era da peça *Conto de inverno*.

Pelo menos me lembrei de perguntar a São Pedro se Shakespeare havia escrito as obras de Shakespeare. Ele me disse que ninguém que tivesse chegado ao Céu (e tampouco ao Inferno, uma vez que este não existia) jamais reclamara autoria sobre qualquer uma delas. São Pedro ainda acrescentou:

— Isto é, ninguém que tivesse concordado em se submeter ao meu teste de detector de mentiras.

Aqui fala o seu calado, humilhado, autodepreciativo, semi-alfabetizado filho do estado de Indiana, o burro velho Kurt Vonnegut, despedindo-se com a pergunta do dia: "Ser ou não ser?"

Nunca antes
eu aticei
vocês com
suspense sobre um dos mortos que entrevistei, mas agora tenho de fazê-lo. Vamos ver o quão ligados em História das Grandes Idéias vocês são.

Para começar: essa antiga habitante da Terra, antes mesmo de chegar aos vinte anos, publicou uma idéia tão persistente na mente das pessoas pensantes, atualmente, quanto a teoria dos germes, de Pasteur, por exemplo, ou a teoria da evolução, de Darwin, ou o temor da superpopulação, de Malthus.

Dica número dois: a hereditariedade é evidente. A mãe dessa escritora incrivelmente precoce também era uma escritora famosa. Alguns de seus livros foram ilustrados por ninguém menos do que

William Blake! Imaginem um livro nosso ilustrado por William Blake! O tema mais apaixonante para ela: a igualdade de direitos de mulheres e homens.

O pai de minha defunta misteriosa também era escritor, além de pastor anticalvinista, cuja frase mais memorável é: "Nem mesmo Deus tem o direito de ser tirano."

Quem eram os amigos desses pais tão ilustres? William Blake e Thomas Paine, além de William Wordswoth, para citar apenas alguns.

Dica número três: essa pessoa foi casada com uma celebridade, um homem tão famoso pela desordem romântica de sua vida quanto por sua poesia. Por exemplo, ele inspirou o suicídio de sua primeira mulher. Morreu romanticamente, como mandava o figurino, afogado, com apenas 30 anos.

Desistiu? Hoje, no Céu, conversei com Mary Wollstonecraft Shelley, autora, também com menos de 20 anos, de uma das novelas de ficção científica mais premonitórias e influentes de todos os tempos: *Frankenstein*. Isso foi em 1818, um século antes do fim da Primeira Guerra Mundial — com suas invenções frankensteinianas como os gases venenosos, os tanques de guerra e os aviões, os lança-chamas e as minas terrestres, além de emaranhados de arame farpado por toda parte.

Eu esperava pedir a opinião de Mary Shelley sobre as bombas atômicas que jogamos em homens, mulheres e crianças desarmados em Hiroshima e Nagasaki — e prometi tentar novamente. Desta vez, no entanto, ela não fez mais nada senão tecer rapsódias sobre seus pais, que, naturalmente, eram William e Mary Wollstonecraft Godwin; sobre seu marido, Percy Bysshe Shelley, e os amigos de ambos, John Keats e Lord Byron.

Eu disse que muita gente ignorante hoje em dia acha que "Frankenstein" era o nome do monstro, e não do cientista que o criara.

Ela disse:

— Afinal, isso não revela ignorância. Em minha história há dois monstros, e não apenas um. E um deles, o cientista, realmente se chamava Frankenstein.

Aqui fala Kurt Vonnegut, de Huntsville, Texas, despedindo-se.

Voltei

do Céu,

depois de

haver interrogado o poeta dr. Philip Strax, S-T-R-A-X. Morreu aos 90 anos, no mesmo dia do jogador de beisebol Joe Dimaggio, e foi autor deste formoso dístico:

Melhor é ter paixão e amor, se o corpo agüenta,
Do que deixar que se enferruje a ferramenta.

Autor de três volumes de poesia, Philip Strax era também radiologista. Aperfeiçoou o uso dos raios X, anteriormente úteis em especial para ver os ossos, para que se pudessem localizar tumores malignos no tecido mole dos seios. O número de mulheres beneficiadas pela detecção temporânea de cânceres, graças aos mamogramas, podia ser equiparado, em termos de beisebol, a milhares e milhares de *runs batted in.** O momento decisivo de sua carreira de médico, se não de poeta, foi a morte de sua amada esposa Gertrude, com apenas 39 anos de idade. Ela morreu de câncer de mama, descoberto tarde demais. Dali em diante, todos os instantes de sua vida profissional foram dedicados ao combate àquela doença: e com muito sucesso!

Encontrei-o junto a um grupo de anjos muito entusiasmados, que queriam um autógrafo de Dimaggio em suas penas. Eu disse que seu incandescente obituário no *New York Times* mostrava que ele tinha uma afeição extraordinária pelas mulheres, e elas por ele. Ele recitou estes versos descarados, compostos por ele próprio:

Neste mundo de fêmeas, saibam todos:
Os homens são de uma destas sortes:
Os que sabem que são fracos,
E os que pensam que são fortes.

Aqui fala Kurt Vonnegut, indispensável companheiro de Jack Kevorkian, que já salvou minha vida cem vezes, despedindo-se até a próxima vez. Ta ta.

---

*Jogada espetacular do beisebol. (*N. do T.*)

Estamos
no fim da
tarde de 3 de
fevereiro de 1998. Acabo de ser retirado da maca depois de mais uma experiência controlada de quase-morte nesta movimentada câmara de execução em Huntsville, Texas.

Pela primeira vez em minha carreira atravessei o túnel azul que conduz ao Paraíso diretamente atrás de uma celebridade. Era Karla Faye Tucker, que matou dois desconhecidos com uma picareta. Karla Faye teve uma morte completa aqui, por conta do estado do Texas, pouco depois da hora do almoço.

Duas horas mais tarde, em outra maca, eu próprio fui morto, mas apenas até três quartos do caminho. Alcancei Karla Faye no túnel, a cerca de 150 metros do final, próximo aos Portões Dourados.

Como ela estava caminhando a contragosto, apressei-me em assegurar-lhe que não havia Inferno a esperá-la, que não existia Inferno esperando por ninguém. Ela respondeu que aquilo era uma pena, porque iria para o Inferno com prazer se pudesse levar consigo o governador do Texas.

— Ele também é um assassino — disse Karla Faye. — Ele me assassinou.

O dr. Jack Kevorkian supervisiona minhas viagens até a quase-morte e no caminho de volta. Seu repórter do Além precisa deixá-los agora. Pediram a Jack e a mim que saíssemos da sala de injeções letais, que tem de ser preparada para mais uma execução total. Em nome dos dois, digo ta ta.

Infelizmente,

as recentes

dificuldades

jurídicas de Jack Kevorkian no estado de Michigan, isto é, sua condenação por assassinato qualificado, ocasionou o que espero que seja uma pausa temporária nas experiências de quase-morte que ele tem me proporcionado. A fim de encher o espaço entre os pedidos de doações para a WNYC, entrevistei uma pessoa que ainda está viva.

Essa pessoa é o escritor de ficção científica Kilgore Trout. Perguntei o que ele achava sobre o que aconteceu em Kosovo, na Sérvia. Gravei sua resposta em fita, mas a dentadura dele se soltou várias vezes. Em prol da clareza, repito com minha própria voz as palavras dele.

Cito: *A Otan deveria ter resistido à tentação*

quase irresistível de competir com os filmes e programas de entretenimento na televisão, aparecendo na TV no ato de dinamitar pontes, distritos policiais, fábricas e coisas assim. A infra-estrutura da tirania sérvia deveria ter sido deixada intacta a fim de apoiar a justiça e a unidade, caso elas retornem. Todas as cidades, mesmo as pequenas, são patrimônio mundial. Tornar impossível a vida em uma delas, como faz a Otan, é o mesmo que lhe cortar o nariz para enfear-lhe o rosto, por assim dizer.

— Showbusiness!

Hoje em dia, a paranóia e a homicida esquizofrenia da limpeza étnica produz seus piores efeitos com rapidez, quase instantaneamente, como um maremoto, um vulcão ou um terremoto — em Ruanda e agora no Kosovo, e quem sabe onde mais? A doença costumava levar anos. Podemos pensar nos europeus que dizimaram os aborígines no hemisfério ocidental, na Austrália e na Tasmânia, e a eliminação dos armênios pelos turcos — e naturalmente no Holocausto, que se arrastou de 1933 a 1945. Aliás, o genocídio na Tasmânia é o único que, pelo que ouvi dizer, teve 100% de êxito. Ninguém na face da Terra possui um nativo da Tasmânia como antepassado!

Assim como acontece com a tuberculose microbacteriana, existe uma espécie de bactéria da limpeza étnica, que faz com que pareçam ridículas, ou mesmo absurdas, as soluções imagináveis no passado. Em todos os casos, é tarde demais! As vítimas já estão praticamente todas mortas no momento em que são, pela primeira vez, mencionadas no noticiário das seis horas.

Tudo o que as pessoas de bom coração podem fazer a respeito da doença da limpeza étnica, que nos tempos que correm é sempre um fait accompli, *é resgatar os sobreviventes. E cuidado com os cristãos!*

Aqui fala Kurt Vonnegut, e aqui me despeço.

Caros ouvintes,

minha carreira

no jornalismo

post-mortem quase certamente termina hoje. No momento em que Jack Kevorkian me tirou da maca e eu me levantei, preparando-me para relatar minha entrevista no Céu com o falecido Isaac Asimov, Jack foi arrancado da sala algemado, para responder a uma acusação de assassinato no estado de Michigan. Ironia das ironias! Esse suposto assassino salvou minha vida mais de uma dúzia de vezes! Com a partida de Jack, esta sala de injeções letais já não tem o mesmo encanto para mim.

Portanto, perdoem a confusão de minhas emoções, neste momento em que lamento as dificuldades de um amigo, Jack, que ainda está vivo, e ao mesmo tempo me alegro pelo relativo bem-estar de outro, Isaac Asimov, que morreu de falência cardíaca e renal aos 72 anos.

Quando estava na Terra, Isaac, meu antecessor como presidente honorário da Associação Humanista Americana, foi o mais prolífico escritor norte-americano que jamais existiu. Escreveu quase quinhentas dessas coisas chamadas livros — em contraste com meus míseros vinte até agora, ou com os 85 de Honoré de Balzac. Às vezes Isaac escrevia e publicava dez volumes em um único ano! E não eram somente livros premiados de ficção científica. Muitos eram popularizações acadêmicas de Shakespeare, bioquímica, história da Grécia antiga, a Bíblia, a relatividade, e assim por diante.

Isaac possuía Ph.D. em química pela Universidade da Colúmbia, e nascera em Smolensk, na antiga União Soviética, tendo contudo crescido no Brooklyn. Odiava viajar de avião e, segundo seu obituário no *New York Times*, nunca leu Hemingway, nem Fitzgerald, nem Joyce e nem Kafka. "Desconheço", escreveu ele certa vez, "a ficção e a poesia do século XX."

— Isaac — disse-lhe eu —, você devia figurar no *Livro Guiness dos Recordes*.

Ele respondeu:

— Quer que eu seja imortalizado junto com um galo chamado "Anormal" que pesava 11 quilos e matou dois gatos?

Perguntei se ainda estava escrevendo e ele disse:

— Escrevo o tempo todo! Se não pudesse escrever sempre, para mim seria o inferno. A Terra teria sido infernal para mim se eu não pudesse escrever o tempo todo. Seria capaz de suportar o próprio inferno, desde que pudesse escrever o tempo todo.

— Felizmente não existe inferno — disse eu.

— Foi um prazer conversar com você — disse ele —, mas preciso voltar a meu trabalho: seis volumes sobre a crença estapafúrdia na vida após a morte.

— Eu, por mim, preferiria dormir — eu disse.

— Você falou como um verdadeiro humanista — disse ele, cada vez mais nervoso.

— Mais uma pergunta — supliquei. — A que você atribui sua incrível produtividade?

Isaac Asimov respondeu com uma única palavra:

— Fuga.

Em seguida, acrescentou uma famosa frase do escritor francês Jean-Paul Sartre, igualmente prolífico:

— O inferno são os outros.

FIM

Índice de pessoas

Este livro foi composto na tipologia Classical
Garamond, em corpo 12/17, e impresso em papel
off-white 90g/m² no Sistema Cameron da Divisão
Gráfica da Distribuidora Record.